Armin Täubner

Fensterbilder, wenn es blüht

Frech-Verlag Stuttgart

Auflage: 5. 4. 3. 2.
Jahr: 1995 94 93 92 91
Letzte Zahlen maßgebend

frech-verlag
GmbH + Co. Druck KG Stuttgart · Druck: Frech, Stuttgart 31

ISBN 3-7724-1399-4 · Best.-Nr. 1399

Jedes Jahr wird der Frühling freudig begrüßt. Der Ausdruck dieser Freude ist sehr unterschiedlich: Es wird ein Frühlingsputz in der Wohnung gehalten, die Gartenmöbel hervorgeholt. Die ersten Blumen schmücken die Fensterbänke, und auch die Fenster wechseln die Dekoration. Die Fensterbilder mit Schnee- und Weihnachtsmännern sind passé, frische Farben und Blüten treten in den Vordergrund.

Dieses Buch enthält Motive für Erwachsene und für Kinder. Ein Teil der Vorschläge ist leicht nachzuarbeiten, andere erfordern Akribie und Geduld. aber allen ist gemeinsam, daß sie mit zarten Seidenblumen geschmückt sind und damit ein Stück des Frühlings einfangen möchten.

Wie wichtig der Frühling den Menschen schon immer war, läßt sich an den zahlreichen alten Bräuchen und Symbolen erkennen. Ein sehr verbreitetes Symbol des Frühlings ist der Maibaum. Er steht als Glücksbringer, Schutz vor Blitz, Hagel und Mäusefraß. Er besitzt Segenskraft für das gesamte Dorf, in dem er steht.

Material

Für sämtliche Fensterbilder wird weißer Zeichenkarton und farbiger Karton (ca. 200–250 g/m²) verwendet.

Übertragen des Motivs

Die Umrisse des Motivs werden mit Bleistift auf Transparentpapier übertragen. Beim Übertrag kann zwischen drei Möglichkeiten gewählt werden:

1. Auf den Karton Kohlepapier legen und darauf das Transparentpapier mit dem aufgezeichneten Motiv plazieren. Nun werden die Konturen mit einem Kugelschreiber nachgezogen.
2. Das Transparentpapier mit dem Motiv wird direkt auf den Karton gelegt. Mit einem Kugelschreiber werden die Umrißlinien kräftig nachgezogen. Auf diese Weise drückt sich das Motiv in den Karton ein.
3. Das auf Transparentpapier gezeichnete Motiv wird ebenfalls direkt auf den Karton gelegt. Mit einem Stichel, einer Vorstech- oder Radiernadel werden die Konturen leicht nachgestochen.

Ausschneiden des Motivs

Mit einem Bastelmesser oder Cutter, der eine verschiebbare Klinge hat, wird das Motiv herausgeschnitten. Als Schneideunterlage dient ein dicker Karton. Rundungen können evtl. mit der Nagelschere nachgeschnitten werden. Für die übrigen Schneidearbeiten wird eine mittelgroße Schere verwendet.

Herstellen von Schablonen

Oft müssen Figuren oder Einzelteile separat und mehrfach ausgeschnitten werden. In diesem Fall sind Schablonen notwendig. Dazu wird Transparentpapier beispielsweise auf einen Schmetterling gelegt und der Umriß mit Bleistift nachgezeichnet, auf einen Kartonrest geklebt und exakt ausgeschnitten. Mit dieser Schablone kann dann der Umriß auf den Tonkarton übertragen werden.

Aufkleben von Seidenblumen

Am besten eignet sich die Klebepistole. Der heiße Klebstoff wird punktförmig auf die entsprechenden Blüten und Blätter aufgetragen, die dann schnell auf dem Fensterbild plaziert werden. Der Klebstoff erkaltet schnell und ist dann ausgehärtet, wodurch sehr zügig geklebt werden kann. Beim Kleben entstehen stets Klebstoffäden zwischen der Klebestelle und der Spitze der Klebepistole. Diese Fäden verschmieren nicht und lassen sich nach Abschluß der Klebearbeiten leicht entfernen.

Wer hier wohl wohnt

Alle Teile, bis auf die gelbe Hauswand (Strich-Punkt-Linie), doppelt ausschneiden. Aus dem weißen Fensterteil (durchgezogene Linie) mit dem Messer die beiden Innenflächen herausschneiden. Nun das Fenster mit dem hellblauen Rechteck (gestrichelte Linie) hinterkleben. Fenster und Fensterläden an der Hauswand fixieren. Anschließend das Dach und darunter die Stirnseiten der drei Balken ankleben. Am Haus von vorne den Zaun und von hinten die braune Bodenfläche befestigen. Vor den beiden Zaunpfosten Stoff- und Seidenblumen so gruppieren, daß die Katze noch dazwischen Platz hat.

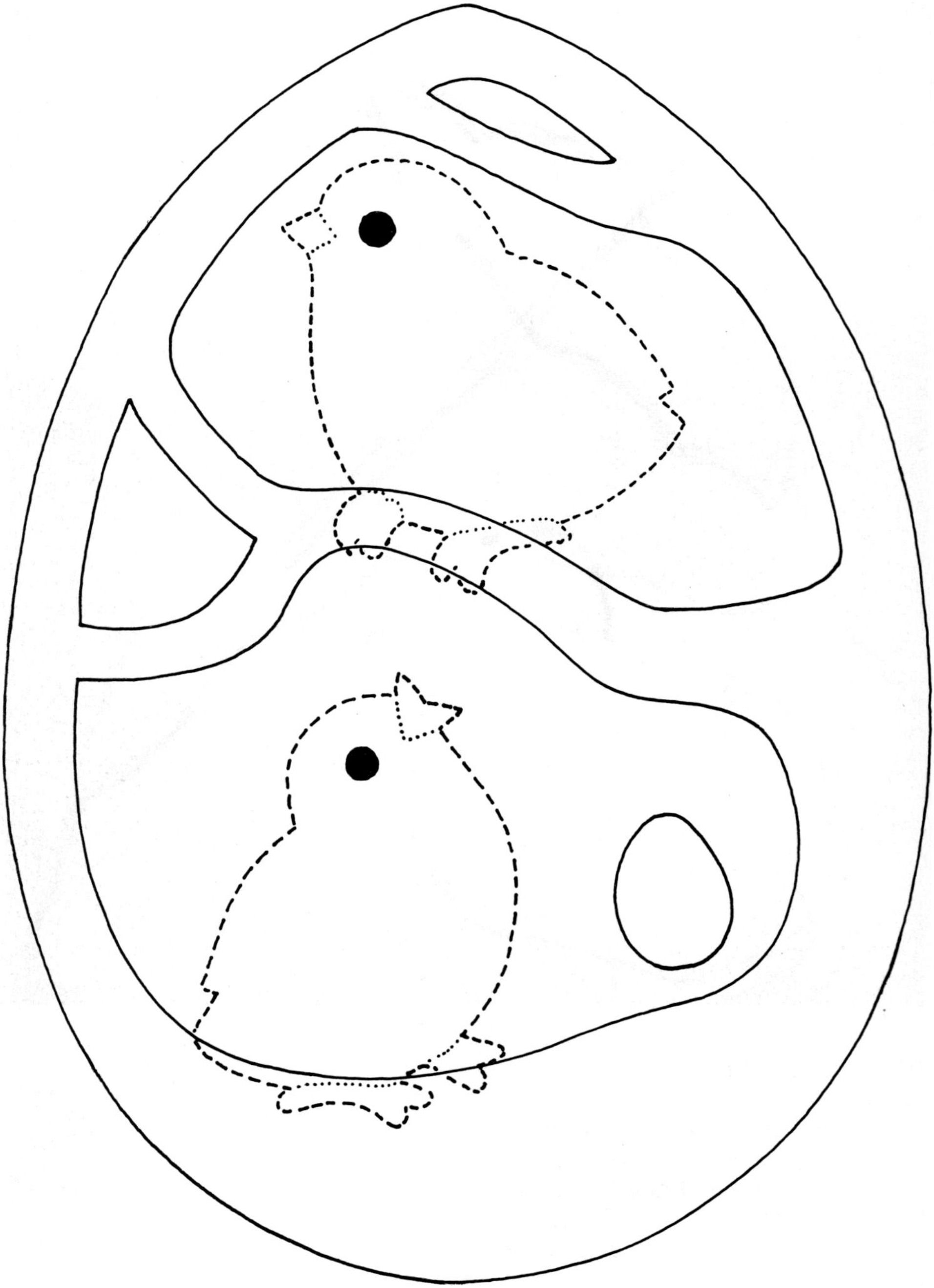

Siehe auch Vorlagenbogen

Hallo, du da!

Die Innenflächen des eiförmigen Rahmens mit dem Messer herausschneiden. Bei den Küken beidseitig Schnäbel, Füße und Augen mit Filzstift an- bzw. aufmalen. Die Küken am Rahmen fixieren, am Rahmenboden die Blätter und Gänseblümchen gruppieren.

Begegnung im Wald

Die Tannengruppe (durchgezogene Linie) auf der Bodenfläche fixieren. Davor die beiden Rehe anordnen. Augen, Mund, Nase, Hufe und Geweih mit schwarzem Filzstift auf- bzw. anmalen. Davor ein Arrangement aus Rinde, Moos, Stoffblumen und -blättern anbringen.

Hühnerhaus

Die Wandöffnung mit dem Messer herausschneiden. Hühnerleiter und Dach anbringen. Von hinten die braune Bodenfläche fixieren. Aus weißem Karton die Hühner ausschneiden und mit rotem, schwarzem und gelbem Filzstift anmalen. Die aufgeklebten Islandmoospolster mit kleinen roten Stoffblüten verzieren. Die Küken befestigen und die Körner mit Filzstift aufmalen.

Zwei müde Freunde

Mädchen: Am blauen Kleid (gestrichelte Linie) zuerst von hinten das Haarteil (punktierte Linie) und dann von vorne das Gesicht ankleben. Die beiden Arme sollten vor dem Ausschneiden evtl. mit einem dunklen Tonpapier hinterklebt werden, weil sonst das Kleid und die Rückenlehne der Bank durchschimmern. Beide Arme ankleben, dabei den angewinkelten Arm so fixieren, daß später noch das Kaninchen unter die Hand geschoben werden kann. Nun werden beide Beine angeklebt. Das Kaninchen unter die Mädchenhand schieben und ankleben.
Das Mädchen wird an der mit dem Messer ausgeschnittenen Bank befestigt.
Am grünen Wiesenstück den Torbogen fixieren. Mit der Klebepistole werden dann die weißen Blütenrispen und die Blätter am Torbogen befestigt. Ist dies geschehen, kann schließlich auch die Bank angeklebt werden.

Vogelschule

Abbildung auf Seite 13

Vögel
Augen, Schnäbel und Fuß einfärben. Der große Vogel erhält zusätzlich noch einen gelben Flügel.

Baum
Den Baum mit dem Stamm und mit dem unteren Ast am Wiesenstück befestigen. Anschließend werden die Vögel im Astwerk verteilt und fixiert. Die dunkelgrünen Kartonblätter werden im Wechsel von vorne und hinten an den Zweigen und Ästen angeklebt.

Blütenstauden
Sie bestehen aus zurechtgeschnittenen Seidenblumenblättern, die fächerartig angeordnet und mit weißen Stoffblüten verziert werden.

Essenszeit!

Abbildung auf Seite 12

Den Strauch auf das braune Bodenteil kleben. Nun das Schwein fixieren. Am Schweinekopf werden zuerst der Rüssel mit der Einbuchtung nach unten und dann die beiden Ohren befestigt. Mit einem schwarzen Filzstift die Nasenlöcher, die Augen und das Maul aufmalen. Der Ringelschwanz wird mit einem roten oder pinkfarbenen Filzstift aufgezeichnet. Anschließend den Freßnapf mit dem gelben Futter anbringen. Den Busch mit unregelmäßig verteilten, weißen Stoffblüten bekleben und auf der Bodenfläche etwas Islandmoos gruppieren.

Schlafendes Wichtelkind

Abbildung auf Seite 14

1. Die zweiteiligen Pilze zusammenkleben und an der grünen Bodenfläche fixieren.
2. Wichtelkind: Zuerst das Gesicht auf den rosa Kopf (durchgezogene Linie) malen, dann die Glockenblume als Hut aufkleben. Den Kopf am gelben Hemd befestigen. Am Hemd von vorne den Arm samt angeklebter Hand anbringen. Von hinten die blauen Beine aufkleben. Das Wichtelkind an den rechten Pilz angelehnt fixieren.
3. Die Blütenstauden bestehen aus zurechtgeschnittenen, fächerförmig angeordneten Seidenblumenblättern.

Essenszeit, Anleitung Seite 11

Vogelschule, Anleitung Seite 11

Schlafendes Wichtelkind, Anleitung Seite 11

Ihr habt sicher Durst

Auf den violetten Körper (durchgezogene Linie) zuerst das Haar (gestrichelte Linie) aufkleben. Das Gesicht mit feinem schwarzem Filzstift auf den rosaroten Kopf malen (evtl. mit Bleistift vorzeichnen). Die Beine von hinten am Kleid fixieren. Nun den linken Arm anbringen. Dabei auch an die Gießkanne denken.
Schließlich die rosa Hände ankleben.

Auf der grünen Rasenfläche zuerst den Zaun und dann das Mädchen befestigen. Das Blattgrün der weißblühenden Stauden besteht aus Seidenblumenblättern, die entsprechend zurechtgeschnitten werden. Beim Aufkleben der Blätter mit der Staudenspitze beginnen. Die Blätter fächerartig anordnen und schließlich die Blüten aufkleben.
Zusätzlich die lilafarbenen Blüten anbringen.

Ein verliebtes Pärchen

Hahn und Henne: Am weißen Rumpf mit Bleistift die Flügel aufzeichnen und mit dem Messer einschneiden. Die Füße mit gelbem Filzstift bemalen. Kamm, Kehllappen und Schnabel jeweils auf Vorder- und Rückseite ankleben.

Auf dem Wiesenstück den Zaun und darauf den Hahn und die Henne fixieren. Die Blütenstauden bestehen aus Kartonblättern, die fächerförmig aufgeklebt werden. Nun die langstieligen Stoffblüten befestigen. Die Klebestellen durch weitere Kartonblätter verdecken.

Hühner in Weiß

Das Motiv in der Eiform wird überwiegend mit dem Messer herausgeschnitten. Rundungen evtl. mit der Nagelschere korrigieren. Die Augen der Hühner und der Küken mit der Vorstechnadel einstechen. Der äußere Rand der Eiform wird erst ganz zum Schluß mit der Schere ausgeschnitten. Nach dem Ausschneiden kleine Büschel aus Islandmoos auf den schmalen Kartonstegen anbringen. Dazwischen werden als Farbtupfer einige rote Stoffblumen und entsprechend zurechtgeschnittene Stoffblumenblätter angeordnet.

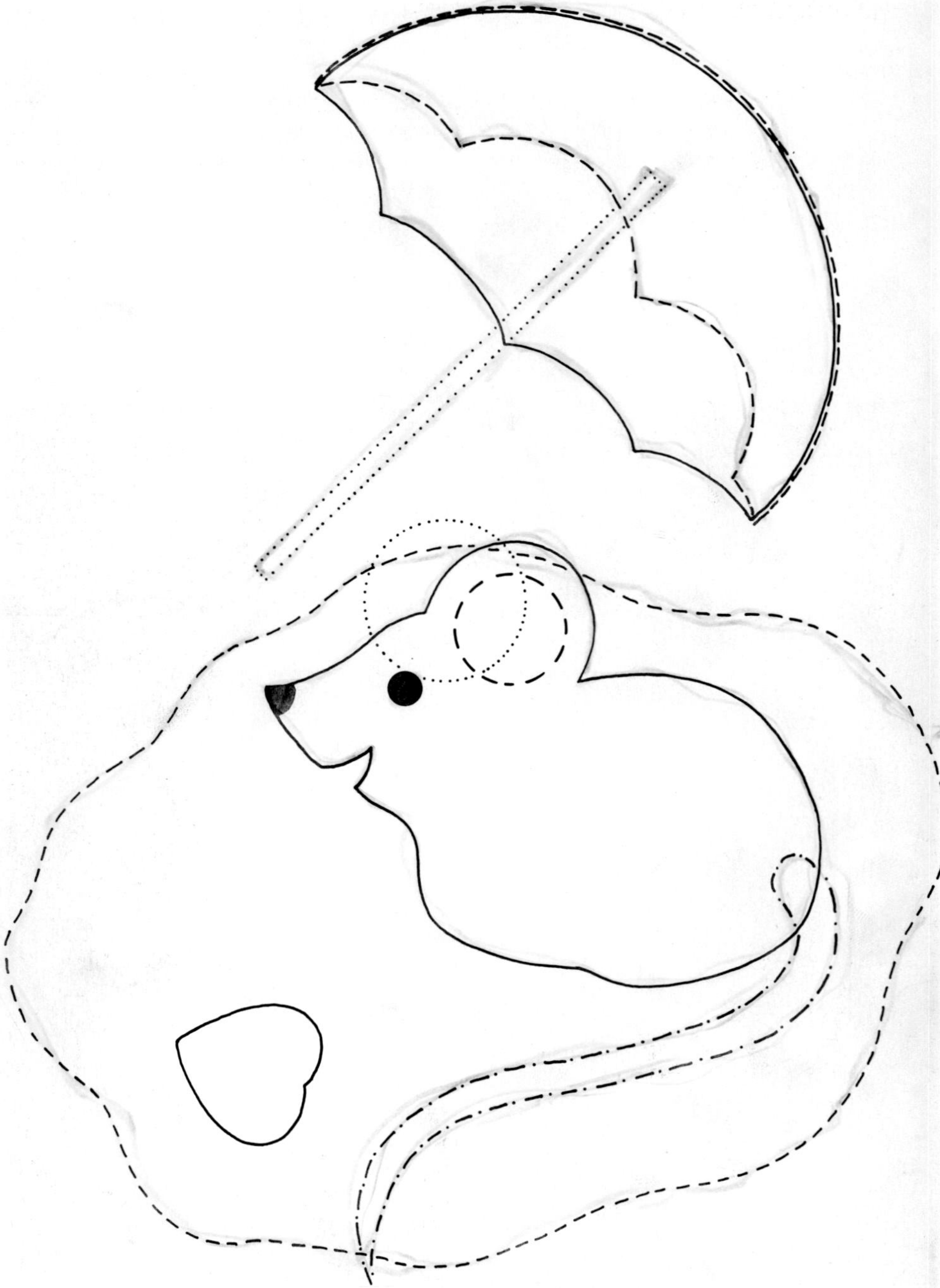

Siehe auch Vorlagenbogen

Mäuschen unterm Sonnenschirm

Mäuschen
Am Mäusekopf von hinten das zweite Ohr (punktierte Linie) ankleben. Von vorne das rosa Innenohr (gestrichelte Linie) und den Schwanz anbringen. Mit einem dicken, schwarzen Filzstift Auge und Nase aufmalen.

Schirm
Auf die violette Grundform (durchgezogene Linie) zuerst den Schirmstock und schließlich das zweite Schirmteil in Rosa kleben.
Schirm und Mäuschen auf der hellgrünen Bodenplatte befestigen. Veilchenblätter aus Karton und Seidenblumenveilchen rund um das Mäuschen gruppieren.

Siehe auch Vorlagenbogen

Die Schwarzbunte

Berglandschaft
Auf dem blauen Rahmen (durchgezogene Linie) zunächst den weißen Bergzug (punktierte Linie), dann den hellgrünen Berg (gestrichelte Linie) und zum Schluß die dunkelgrüne Wiese fixieren.

Kuh
An der Grundform die Hufe mit Filzstift schwarz einfärben und die Flecken auf das Fell malen. Die Hörner schwarz bemalen. Die Nase und die Innenohren aufkleben und die Augen und Nasenlöcher aufzeichnen. Den Kopf auf die Grundform kleben. Von vorne das Euter und von hinten den Schwanz anbringen. Die Kuh auf die dunkelgrüne Wiesenfläche kleben und beidseitig Blüten samt Blättern gruppieren.

Brütendes Huhn

Bis auf den hellgrünen Rahmen alle Teile doppelt ausschneiden. Die Hühnerform (gestrichelte Linie) beidseitig am Rahmen fixieren. Kamm, Schnabel, Kehllappen und Flügel ebenfalls auf Vorder- und Rückseite ankleben. Die Augen mit einem schwarzen Filzstift aufmalen. Das Nest besteht aus Islandmoos, in das Seidenblumenrosen und -blätter in Gruppen eingeklebt werden.

Siehe auch Vorlagenbogen

Komm wieder runter!

Mädchen: Falls das Kleid in Weiß oder Gelb ausgeschnitten wird, muß die Kleiderform (gestrichelte Linie) mit dunklem Tonpapier hinterklebt werden, weil sonst die anderen aufgeklebten Teile durchschimmern. Anschließend den Arm ankleben. Den Kopf an das Kleid legen und durch das aufgeklebte Haarteil fixieren. Die Beine von hinten am Kleid anbringen.

Am pinkfarbenen Rahmen zunächst die Baumkrone ankleben. Baumkrone und Rahmenboden durch den angeklebten Stamm verbinden. Nun das Mädchen und die beiden Katzen anbringen. Zum Schluß den Rahmenboden und die Baumkrone mit Seidenblumen und -blättern verzieren.

Geschmückter Osterkorb

Den Korb beidseitig mit der hellgrünen Grasfüllung (gestrichelte Linie) bekleben. In der Korbmitte die drei bunten Eier anordnen. Davor etwas violette Flaumfaser (oder Watte) sowie farblich passende Seidenblumen samt Blättern und eine violette Schleife befestigen. Abschließend noch einige Schmetterlinge aus Federn anbringen.

Schlüpfendes Küken

Auf der violetten Eischale zuerst die weiße Schaleninnenseite befestigen (punktierte Linie) und darauf das Küken kleben. Am Kükenkopf den Schnabel ankleben. Die Augen im gleichen Abstand vom Schnabel mit schwarzem Filzstift aufmalen. Nun wird das Ei auf das Grasbüschel geklebt. Das Grasbüschel mit Seidenblumenveilchen schmücken.

Duftiger Blütenkranz

Bei diesem filigranen Kranz zuerst die Innenfläche herausschneiden. Mit dem Messer werden anschließend die Flächen zwischen den ineinander verschlungenen Pflanzenstengeln herausgearbeitet. Zum Schluß mit der Schere den äußeren Rand des Kranzes ausschneiden. Bevor die Seidenblumen aufgeklebt werden, drei unterschiedlich große, farblich passende Schleifen am Kranz fixieren. Die Blüten werden überwiegend an den Kreuzungspunkten der Rahmenlinien befestigt.

Frühlingsspaziergang

Entenküken
Von vorne am Entenkörper Schnabel und Flügel, von hinten die Füße ankleben. Das Auge mit schwarzem Filzstift aufmalen.

Hintergrund
Am blauen Rahmen zuerst die beiden dunkelgrünen Ranken und die großen Grasbüschel fixieren. Davor werden das Entchen und die beiden kleinen Grasbüschel geklebt. Das Fensterbild mit weißen und gelben Blüten sowie zwei Schmetterlingen verzieren.

Siehe auch Vorlagenbogen

Frühlingslandschaft

Am blauen Rahmen (durchgezogene Linie) zuerst den dunkelgrünen, dann den hellgrünen Hügel ankleben. Am oberen Rand des Rahmens werden die Sonne, die Wolken und auch die Baumkrone fixiert. Den Baumstamm und den Hasen anbringen. Aus dunkelgrünem Karton das Blattgrün der roten Blütenstauden ausschneiden und im Vordergrund des hellgrünen Hügels anordnen. Hinzu kommen noch weiße Stoffblüten, die neben den roten Blütenstauden und in der Baumkrone gruppiert werden.

Siehe auch Vorlagenbogen

Blühender Baum

Nachdem der Stamm auf der hellgrünen Wiesenfläche befestigt ist, die beiden Vögel in das Geäst setzen. Nun werden die Seidenblumen auf den Zweigen verteilt. Am Fuße des Stammes einige gelbe langstielige Blüten fixieren und die Klebestellen mit aufgeklebtem Islandmoos kaschieren.

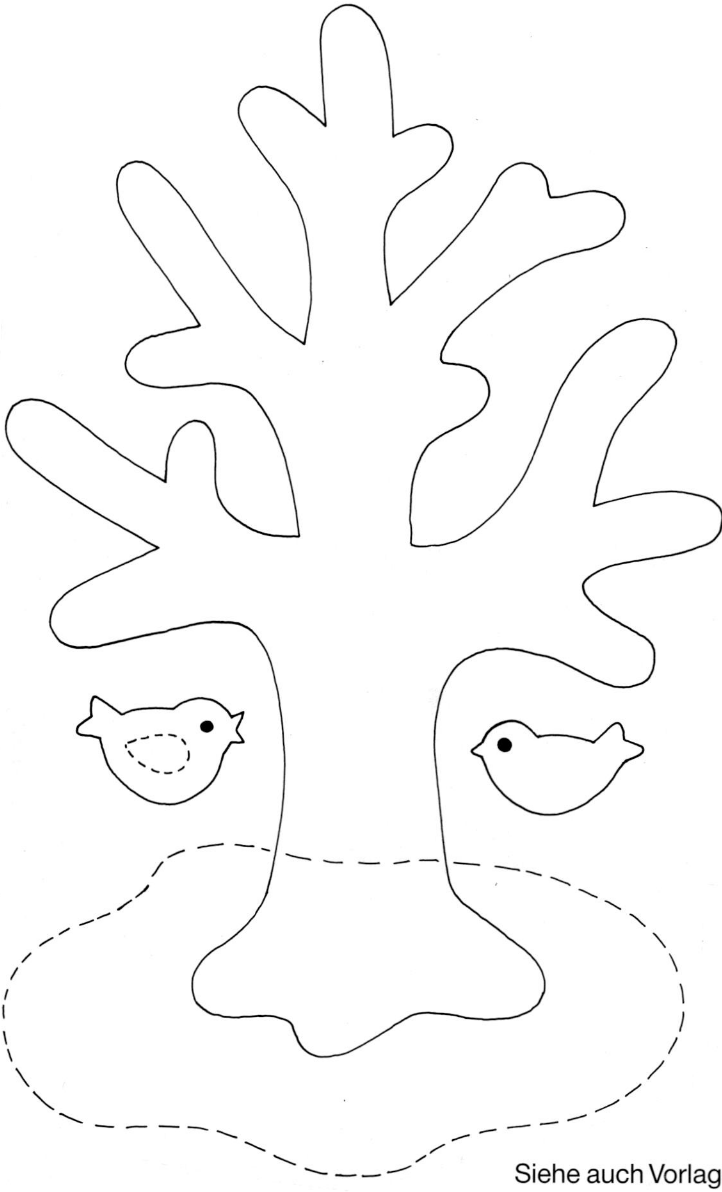

Siehe auch Vorlagenbogen

Entchen im Blumenkorb

Das Blattgrün (gestrichelte Linie) doppelt ausschneiden und beidseitig auf den Korb kleben. Die Entenschnäbel mit Filzstift einfärben und die Augen aufmalen. Nun die Enten in den Korb setzen. Blätter und Seidenblumen aufkleben.

Siehe auch Vorlagenbogen

Stolze Gans

Bis auf den filigranen Rahmen und den Korb werden sämtliche Teile doppelt benötigt.

Rahmen
Zuerst die Innenfläche des Rahmens herausschneiden, dann mit dem Messer den filigranen Rahmen herausarbeiten. Der äußere Rand wird mit der Schere ausgeschnitten.

Gans
Am Gänsekopf Kopftuch, Schnabel und Auge ankleben. Der Flügel wird so fixiert, daß der Korbbügel noch eingehängt werden kann. Von hinten die beiden Füße ankleben.
Die Gans auf den Rahmen kleben. Das Fensterbild umdrehen und die Rückseite ebenso gestalten. Abschließend den Rahmen mit Seidenblumen und -blättern verzieren.

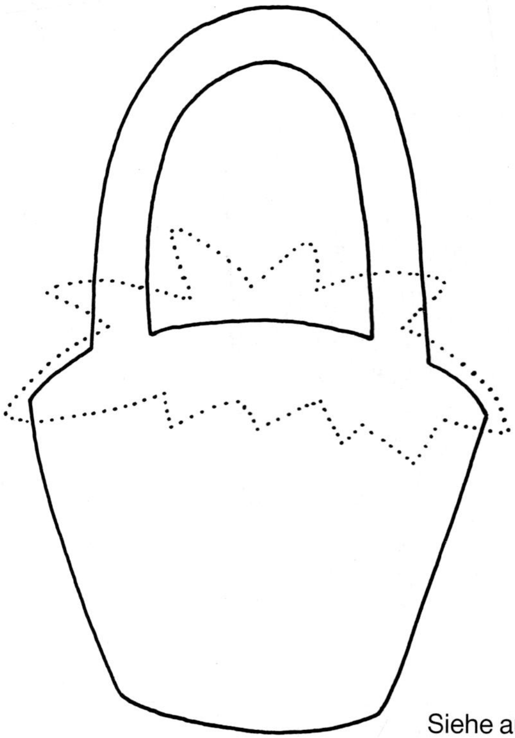

Siehe auch Vorlagenbogen

Osterlamm

Aus braunem Karton die Grundform des Lammes (durchgezogene Linie) ausschneiden. Darauf das weiße Fell kleben. Das Auge aufmalen und das Ohr ankleben. Die Rückseite des Lammes genauso gestalten. Das Lamm in den Rahmen kleben. Blüten und Blätterzweige anbringen und die Klebestellen mit Islandmoos verdecken.

Entenkinder

Stehendes Entenküken

Schnabel, Flügel und Fuß doppelt ausschneiden. Beide Füße werden von hinten am Entchenrumpf befestigt, während die Flügel und die Schnäbel beidseitig am Rumpf bzw. am Kopf angeklebt werden. Die Augen mit schwarzem Filzstift aufmalen.

Sitzendes Entenküken

Die Teile werden nur einmal benötigt, weil das Entchen auf der Rückseite des Fensterbildes kaum zu sehen ist.

Rahmen

Der grüne Rahmen wird mit Messer und Schere ausgeschnitten. Nachdem die beiden Entchen aufgeklebt sind, kann die Dekoration aus gelben Stoffblüten und grünem Dschungelgras angebracht werden.

Tritt ein!

Beim Herausarbeiten des Gartentores und des Zaunes in der Mitte beginnen. Mit dem Messer, Fläche für Fläche, das Motiv zum Rand hin freilegen. Der äußere Rand wird mit der Schere ausgeschnitten. Die beiden Kronen der Bäumchen werden von vorne so an den senkrechten Pfosten und dem Rahmen befestigt, daß an der Unterseite der Kronen noch der Stamm eingeschoben und angeklebt werden kann. Die Katze am Rahmenboden, zusammen mit Flaumfaser (evtl. auch Watte) und Stoffblüten, anbringen. Dieselben Blüten auch in den Kronen der beiden Bäumchen verteilen. Mit einigen Schmetterlingen aus Federn den Schlußakzent setzen.

Blumenkorb

Das Blattgrün aus hellgrünem Karton doppelt ausschneiden und beidseitig auf den weißen Korb kleben. Den Bügel über das Blattgrün schieben und auf Vorder- und Rückseite des Korbes kleben. Im unteren Bereich des Bügels eine, zu den Stoffblumen farblich passende Schleife fixieren.

Rehkitz in der Blumenwiese

Am Kopf beidseitig die zweifarbigen Ohren ankleben. Augen und Schnauze aufmalen und die Hufe schwarz einfärben. Auf den Rücken kleine, weiße Kartonpunkte kleben. Liegt das Kitz auf der Wiese, können die Blüten aufgeklebt werden.

Hungrige Schnäbel

Die Vogelmutter wird aus vier Teilen zusammengeklebt. Auf dem roten Körper werden die weißen Flügel sowie der helle Gesichtsfleck angebracht. Im Nest sitzen bereits die hungrigen Jungvögel, bevor die Vogelmutter an den Nestrand gesetzt wird. Das Laub und den Schmetterling an den Zweigen ankleben und dazwischen Seidenblumen verteilen.

Jetzt ist Apfelzeit

Zum weißen Rahmen (durchgezogene Linie) gehören auch die Umrisse von Baum, Busch sowie der Hügellinie. Mit dem Aufkleben der Wiese beginnen. Nun Baumkrone, Stamm, Büsche, Äpfel, Katze und Wolken fixieren. In kleinen, verstreuten Gruppen zartgelbe Blüten, Islandmoos und Stoffblätter anordnen.

Küken auf dem Osternest

Das grüne Teil (gestrichelte Linie) doppelt ausschneiden und beidseitig auf die Schale kleben. Nun die Eier im Grün verteilen und das Küken darauf setzen. Einzelne Blätter aus Tonpapier und Seidenblumen aufkleben.

Bellos Hütte

Abbildung auf Seite 47

An der Hundehütte von vorne die schwarze Öffnung und von hinten das Dach und die Bodenfläche fixieren. Den Hund vor die Hütte kleben. Nun die Blüten und Blätter arrangieren und am Schluß die beiden Schmetterlinge anbringen.

Ein Schläfchen auf der grünen Wiese

Schlafendes Kind
Auf das blaue Hemd (durchgezogene Linie) den rosaroten Kopf mit aufgezeichnetem Gesicht kleben und darauf das blonde Haar befestigen. Nun können der Arm und der kurze, blaue Ärmel angebracht werden. Die Hose besteht aus zwei Teilen. Das angewinkelte Bein wird auf das ausgestreckte Bein geklebt. Mit schwarzem Filzstift die Schuhe einfärben. Die Hose von hinten am blauen Hemd fixieren. Zum Schluß wird noch das Kissen unter den Kopf und den angewinkelten Arm geklebt.

Landschaft
Am roten Rahmen zuerst die hellgrüne Wiesenfläche und die dunkelgrüne Baumkrone befestigen. Beide Grünflächen durch den aufgeklebten Baumstamm verbinden.
Die rotblühenden Blumengruppen bestehen aus buschartig übereinandergeklebten Seidenblumenblättern, die evtl. aus größeren Blättern zurechtgeschnitten werden.

Bellos Hütte, Anleitung Seite 45

Wollen wir uns wieder vertragen?

Die Innenflächen des Herzens ausschneiden. Erst dann den äußeren Rand mit der Schere bearbeiten. Die Blätter plazieren, mit Seidenblüten dekorieren, und die Vögel befestigen.